18 kinderleichte Rezepte ...

Frühling

Joghurtbecher mit Erdbeeren 8
Kaiserschmarren 10
Kräuterkäse 12
Mini-Würstchen mit Dip 14

Sommer

Blechkartoffeln 16
Kaltschale für heiße Tage 18
Nudelsalat fürs Sommerpicknick 20
Eiskalte Erdbeerbowle 22

für jede Jahreszeit

Herbst

Nudelauflauf 24
Pilz- und Blumenbrote 26
Streuselkuchen mit Aprikosen 28
Zimtmilch mit Vanilleeis 30

Winter

Wintersalat mit Obst und Nüssen 32
Heiße Schokolade 34
Qualle auf Land 36
Schokonuss-Paste zum Selbermachen 38
Avokado-Dip 40
Süßes Makronernbrot 42

Joghurtbecher
mit Erdbeeren

5 reife Erdbeeren
3 Teelöffel flüssiger Honig
1 Vollmilchjoghurt (150 g)

1

2

3

4 — *vermischen*

7 — *schichten*

5

6

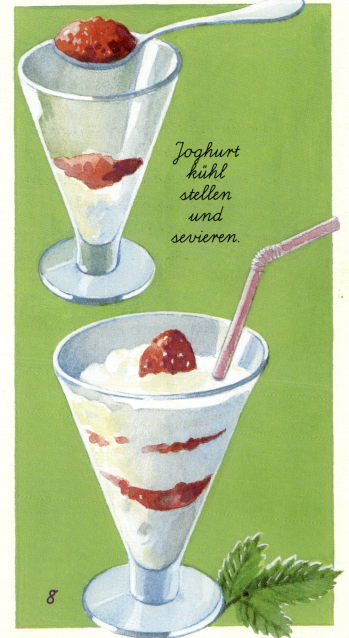
Joghurt kühl stellen und sevieren.

8

Kaiserschmarrn

1 Ei
4 Esslöffel Vollkornweizenmehl
1 Esslöffel Zucker
1 Esslöffel ungeschwefelte Rosinen
1/8 Liter Milch
Fett für die Pfanne
etwas Puderzucker

verrühren

5

6

7

Mittlere Hitze
(beschichtete Pfanne
benutzen)

8

Fett schmelzen

9

Teig hineingießen

10

fest werden lassen
(10 Minuten)

11 *Herd ausstellen!*

Teig zerreißen
und weiterbacken

12

Dazu passt
Apfelmus.

Kräuterkäse

2 Sahnejoghurt
etwas Salz
Schnittlauch
1 Mulltuch

Joghurt 8 bis 10 Stunden abtropfen lassen.
Den Käse mit Brot oder Kartoffeln essen.

Den Käse im Kühlschrank abtropfen lassen.

Auf Küchenkrepp Kugel formen.

Mini-Würstchen
mit Dip

1 Glas Mini-Würstchen (ca. 30 Stück)
1 reife Banane
2 Esslöffel würziger Ketchup
2 Esslöffel Sauerrahm
Radieschen und
Salatblatt

1   *mittlere Hitze*

2   *kleine Hitze*

*Herd ausschalten!
Würstchen 5 Minuten
ziehen lassen.*

3

Blechkartoffeln
für die ganze Familie

1 kg neue Kartoffeln
(möglichst gleich große)
1 Teelöffel Öl
etwas Salz

Ofen auf 200 Grad vorheizen.
Kartoffeln 30 bis 45 Minuten backen.
Nach 30 Minuten Garprobe.
Dazu passen Kräuterkäse und
Radieschen.

1

abtropfen lassen

2

3

einmal durchschneiden

4 Ofen vorheizen

5 mit Öl einfetten

6

7

8 30 - 45 Minuten backen

9

10 Herd austellen!

11

Für 3 bis 4 Portionen

Kaltschale
für heiße Tage

1 Becher Dickmilch (500 g)
1 Eßlöffel Zucker
Saft einer halben Zitrone
6 Vollkornzwiebäcke
ein paar Himbeeren

1

2

3   *schaumig schlagen*

Ergibt ungefähr 2 Portionen

Nudelsalat
für's Sommerpicknick

1 Wiener Würstchen
1 kleine Gewürzgurke
1/2 Apfel, etwas Salz
1 Esslöffel Crème fraiche
1 Bund Schnittlauch
2 Esslöffel gekochte Nudeln

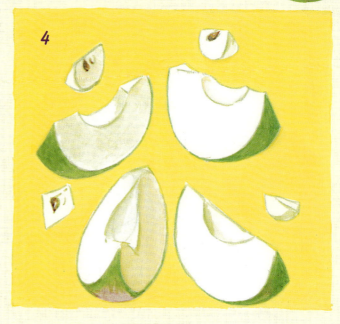

Eiskalte Erdbeerbowle

*12 reife Erdbeeren
2 Flaschen roter Traubensaft
1 Flasche Mineralwasser
großes Gefäß
(3 Liter)*

Gefrierschale

Nudelauflauf

1 Schale gekochte Nudeln (250 g)
3 Tomaten
Fett für die Auflaufform
1 Teelöffel Basilikum
1 Mozzarella-Käse
1 Teelöffel Salz
1-2 Esslöffel geriebener Parmesan

1

2

3

Backpinsel

Kleine Auflaufform einfetten

Auf mittlerer Schiene bei 200 Grad knusprig backen.

Pilz- und Blumenbrote

Vollkorntoast, Fleischwurst, Käse, Butter, Gurke, Weintrauben und Tomatenmark (aus der Tube)

Mit Backformen ausstechen

Streuselkuchen
mit Aprikosen

1/2 Stück Butter oder Margarine (125 g)
2 Tassen Vollkornweizenmehl (200 g)
1/2 Tasse Speisestärke (50 g)
1 Tasse Zucker (möglichst Vollrohrzucker)
1 Messerspitze Backpulver
1 große Dose Aprikosen (abgetropft)

Zimtmilch
mit Vanilleeis

1 Stück Vanilleeis (250 ml)
1/4 Liter Milch
1 Teelöffel Zimt

1

einteilen

1. Hälfte

2

3

Wintersalat
mit Obst und Nüssen

1 Stück Gouda-Käse (100 g)
2 Esslöffel Sauerrahm, einige Walnüsse
1 Banane, 1 Apfel (Cox Orange)
etwas Salz

Das wird die Soße.

Heiße Schokolade

2 Tassen Milch
2 Riegel Vollmilchschokolade
1 bis 2 Teelöffel Zucker

erwärmen (kleine Hitze)

Rühren, bis die Schokolade schmilzt.

Herd ausstellen!

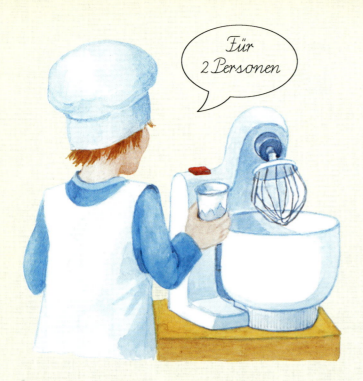

"Für 2 Personen"

Qualle auf Land

1/2 Becher Schlagsahne
1 Tütchen Vanillezucker
2 Scheiben Ananas, 2 Kirschen
6 Löffelbiskuits

1. Sahne bei Stufe 1 schlagen

2.

3. Sahne steif schlagen auf höchster Stufe!

Schokonuss-Paste
zum Selbermachen

150 g gemahlene Haselnüsse
1 Teelöffel Kakao
1/2 Teelöffel Zimt und etwas Vanille
2 Esslöffel weiche Butter
2 Esslöffel milden Honig

1

stampfen

2

zerdrücken

3

Im Kühlschrank 14 Tage haltbar!

Avokado-Dip

1 reife Avokado
1 Esslöffel Zitronensaft
3 Esslöffel Crème fraiche
etwas Salz
1 Stängel Dill
frisches Fladenbrot

unterrühren

Für 3 Personen. Schmeckt auch zu Pellkartoffeln.

Süßes Makronenbrot

1 Tüte Vollkornbrödli (15-18 Stück)
6 Teelöffel gemahlene Mandeln
1 Tube gezuckerte Kondensmilch (170 g)

1 Blech mit Packpapier auslegen

2

3

Die Schreibweise entspricht der neuen Rechtschreibung
Gedruckt auf
umweltfreundlichem, chlorfrei gebleichtem Papier

1. Auflage 1998
Einband- und Innenillustrationen: Dorothea Desmarowitz
Konzept und Ausstattung: Buchwerkstatt Brink/Wieghaus
Alle Rechte vorbehalten - Printed in Italy
© by KeRLE im Verlag Herder, Wien 1998
Druck und Verarbeitung: L.E.G.O. Olivotto S.P.A., Vicenza 1998

ISBN 3-451-70194-4